AF474977

OBSERVATIONS

SUR

LE RECRUTEMENT

ET

LE REMPLACEMENT MILITAIRE.

(EXTRAIT DU JOURNAL DE SAÔNE-ET-LOIRE.)

MACON,

IMPRIMERIE DE DEJUSSIEU, RUE DE LA BARRE.

1848.

OBSERVATIONS

SUR

LE RECRUTEMENT

ET

LE REMPLACEMENT MILITAIRE.

Le projet de constitution, soumis en ce moment à l'examen des membres de l'Assemblée Nationale, offre des vices nombreux et fondamentaux, contre lesquels se sont élevés avec une extrême énergie la plupart des publicistes et plusieurs des hommes les plus éminents de cette Assemblée même. Plus nous étudions ce projet de constitution, et plus nous nous affermissons dans cette opinion, que les législateurs qui ont préparé ce travail n'ont pas su se placer, dans leur œuvre, à un point de vue assez élevé. Au contraire, amoindrissant leur mandat et empiétant sur les attributions plus spéciales de ceux qui doivent venir après eux, ils ont élaboré, non un projet de charte large et durable comme il conviendrait à une grande nation, mais bien un assemblage informe et hétérogène de lois étroites, de dispositions de détail propres seulement à lier les mains de leurs successeurs et à faire bientôt rentrer leur travail dans la classe de ces œuvres, monuments éphémères dont les fondations sont déjà ruinées avant même que le faîte ne soit entièrement achevé. A quoi bon, en effet, toutes ces indications partielles, de nature essentiellement mobile, et qui, par conséquent, sont du ressort exclusif d'une assemblée législative permanente, qui, libre dans ses allures et vivant pour ainsi dire au jour le jour, a toujours le droit de modifier, de transformer, de détruire même l'une ou l'autre de ses précédentes décisions, dès que l'expérience qui en a signalé le vice ou que la marche des événements et le progrès des lumières lui ont indiqué des améliorations à opérer? Il n'en est pas ainsi d'une assemblée constituante, qui doit tendre à asseoir l'édifice constitutionnel sur des bases assez solides et assez vastes pour qu'il puisse supporter sans fléchir et sans se déformer les adjonctions successives et les embellissements variés que l'avenir doit infailliblement y apporter. Une constitution, qu'on nous passe cette comparaison, n'est autre chose qu'un canevas, dont les mailles sont à la fois fortes et élastiques, larges et résistantes, de telle sorte qu'elles se prêtent sans se rompre à recevoir la trame et les broderies qu'auront à y créer les continuateurs secondaires de l'œuvre. Si les inventeurs d'une constitution négligent ces sages prévisions, s'ils veulent exécuter simultanément le tissu et la broderie et ne laisser nul accès aux satisfactions des nouveaux besoins que l'avenir fera surgir, ils verront bientôt leur travail, usé et décrépit, livrer encore, en s'écroulant, le pays aux dangereuses incertitudes de l'état provisoire. Puisqu'une constitution ne peut être réformée que par une assemblée spécialement réunie, il est d'une extrême importance qu'elle puisse durer long-temps, parce qu'une refonte de la loi organique d'une nation ne peut s'opérer sans jeter dans le peuple des inquiétudes et des divisions incompatibles avec l'ordre et le calme nécessaires au développement de la prospérité publique.

Tel n'est point, il s'en faut de beaucoup, le caractère général du projet de constitution qui est actuellement soumis aux délibérations de notre Assemblée Nationale. Les auteurs de ce projet ont voulu toucher à des points qui n'étaient pas de leur compétence, et c'est ce qui ôtera à cette œuvre ses plus solides garanties de stabilité, si l'Assemblée néglige d'en élaguer toutes les superfétations.

Il est un article qui, avant tous les autres, appelle notre attention ; c'est l'article 109, ainsi conçu : « Tout Français, » sauf les exceptions fixées par la loi, doit en personne le » service militaire et celui de la garde nationale. Le rem- » placement est interdit. » Cet article tranche, en un bien petit nombre de mots, deux des questions les plus graves qu'on puisse traiter : le recrutement et le remplacement militaires. Ces questions, qui intéressent à un si haut degré la politique, la société et la famille, sont jugées, en cet article, d'une manière essentiellement vicieuse, puisque cette solution est menaçante pour la bonne organisation de l'armée, pour la famille et pour la jeunesse en masse.

Nous disons que cette disposition de la loi est menaçante pour la bonne organisation de l'armée. C'est ce qu'il nous sera facile de démontrer. Nous ne sommes pas de ceux qui pensent que le recrutement puisse être supprimé. La France a beau être en paix avec l'Europe ; il importe à sa grandeur et peut-être à son salut qu'elle entretienne en permanence un nombre imposant de soldats prêts à défendre son territoire, s'il était menacé par des ennemis du dehors ; prêts à sauvegarder l'ordre, nos droits et nos libertés civiles et politiques, si des factions intérieures en compromettaient l'existence. Nous avons malheureusement trop de preuves encore palpitantes qui viennent à l'appui de ce que nous avançons. Où en serions-nous aujourd'hui, si la terrible insurrection du 24 juin eût trouvé la France dépourvue de cette puissante défense? Où en serions-nous demain, si le souvenir des services récemment rendus par cette armée n'était plus là pour contenir les incessants et criminels efforts des anarchistes? Dira-t-on que, en l'absence d'une armée permanente, les citoyens se lèveraient en masse et comme un seul homme pour repousser toutes les agressions dirigées contre la patrie, de quelque part qu'elles vinssent? Certes, nous ne sommes ni assez aveugles, ni assez ingrats pour le nier. Nul plus que nous ne professe une extrême admiration pour l'héroïque dévouement que viennent de montrer de nouveau nos milices citoyennes. Mais il nous est permis de croire que la sanglante victoire remportée sur l'insurrection eût été payée bien plus cher encore, sans le secours que l'armée a prêté à la garde nationale. D'ailleurs, s'il s'agissait de marcher à la défense des frontières, des soldats-citoyens suffiraient-ils à cette tâche périlleuse? Pourraient-ils consentir tous, et sans hésitation, à s'arracher à leurs familles, à leurs travaux, à leurs habitudes? Beaucoup sans doute s'y résigneraient, parce que ce n'est ni le courage ni le patriotisme qui manquent aux Français; mais nous croyons pouvoir affirmer qu'une armée ainsi composée serait plus susceptible d'élan que de constance, et, dans tous les cas, elle manquerait de science militaire et de discipline. Une bonne armée est celle qui ne compte dans ses rangs que des hommes rompus par une longue pratique aux fatigues des marches forcées, soumis aux exigences d'une discipline sévère, versés dans le maniement des armes et dans la connaissance compliquée des manœuvres; il faut encore qu'un soldat, libre de toute préoccupation, dégagé de tous souvenirs qui pourraient mettre obstacle à sa bravoure, soit constamment disposé à faire le sacrifice de sa vie; et ce sacrifice ne lui sera facile, possible même, qu'autant que sa pensée n'aura point à se reporter sur une femme ou des enfants dont l'existence dépendrait de la sienne. Or, c'est seulement dans le soldat par métier qu'on peut rencontrer la réunion de ces qualités indispensables; c'est seulement en entretenant une armée permanente, et en se tenant toujours prête à soutenir une guerre, qu'une grande nation réussira sûrement à réprimer et même à prévenir les mauvais desseins de ses ennemis intérieurs et extérieurs, à s'assurer enfin la jouissance des biens si précieux que procurent la liberté, l'ordre et la paix.

L'utilité d'une armée permanente étant démontrée, il s'agit de déterminer les meilleures conditions dans lesquelles ce résultat peut être atteint. A notre avis, il n'est qu'un moyen efficace, celui qui a été constamment mis en pratique jusqu'à ce jour : le récrutement. Vainement des optimistes ont proposé d'adopter exclusivement la voie des enrôlements volontaires, en prétendant que les armées qu'on recruterait ainsi vaudraient infiniment plus que les autres, puisqu'elles ne se composeraient que de soldats portés par goût vers le service militaire. Ces raisonnements peuvent être d'une apparence fort séduisante; ils sont erronés au fond, parce qu'ils sont basés sur une complète ignorance de l'histoire et sur une extrême inintelligence des tendances naturelles de l'homme. D'abord, on sait ce que sont, en général, les engagés volontaires. Pleins d'ardeur et de feu, ils sont doués d'une remarquable bravoure; mais la bravoure ne suffit pas seule à faire de bons soldats. Bien des jeunes gens s'enrôlent volontairement, et, ainsi qu'on dit vulgairement, par suite d'un coup de tête ; et quand ils se trouvent face à face avec la monotonie du service, avec les asservissements de la discipline, ils en sont bien vite aux regrets, et luttent long-temps, pour la plupart, avant de se soumettre. Ce que nous disons là n'est pas le résultat d'une opinion individuelle; cela est établi d'une façon incontestable par les statistiques militaires. D'ailleurs, on n'a jamais repoussé les engagements volontaires; comment donc se fait-il qu'ils n'aient jamais suffi à alimenter nos armées? comment se fait-il qu'il ait toujours fallu recourir à des moyens dont celui actuellement usité n'est qu'un perfectionnement? C'est ce qu'il nous sera facile de démontrer.

Aux siècles derniers de la monarchie, des recruteurs, soldés tantôt par les intendants de province, tantôt par les colonels des régiments qu'il s'agissait de compléter, parcouraient les villes et les campagnes, appelant à leur aide les plus mauvaises passions, la ruse, le mensonge, la cupidité, l'ivresse, pour gagner quelques recrues. Des jeunes gens inexpérimentés donnaient dans les piéges grossiers qui leur avaient été tendus, et, quand le sang-froid leur était revenu, déploraient trop tard leur crédulité. D'autres ne cédaient qu'à l'appât de sommes assez considérables, et un bien petit nombre s'enrôlait exclusivement par amour pour la profession des armes. Néanmoins, en dépit de tous ces moyens déshonnêtes, en dépit des énormes sacrifices d'argent qu'on consentait à faire, ces régiments, qu'un caprice royal offrit plus souvent en don qu'à titre de récompense à la jeunesse de la cour, ces régiments ne recrutaient par cette voie que la plus faible partie des soldats qui devaient les composer.

Vint la Révolution qui, en faisant disparaître les scandaleux priviléges de la noblesse, en égalisant toutes les classes, fit de la profession militaire une carrière honorable et belle, en ce que les grades ne furent plus réservés à un petit nombre, mais, au contraire, devinrent accessibles à tous ceux qui pouvaient se distinguer par quelques actions d'éclat. Alors l'esprit belliqueux du peuple français se traduisit en admirables élans. En diverses occasions, on vit des jeunes gens, des hommes parvenus à l'âge de la virilité, des vieillards mêmes, lutter d'exaltation pour se faire initiativement inscrire sur les rôles de l'armée. Toutes les fois qu'une de nos assemblées nationales fit un appel au courage des populations de la France, cet appel trouva toujours des échos par milliers; et l'on n'oubliera jamais les merveilles de vaillance et de dévouement accomplies par ces soldats volontaires. Mais il importe de ne pas se méprendre sur les causes véritables et profondes d'un élan si général. La nation, nous l'avons dit, venait d'en finir avec le règne du privilége; un obscur soldat, pourvu qu'il fût brave et intelligent, pouvait dès-lors aspirer aux plus hauts grades de l'armée. D'un autre côté, la France, cruellement atteinte par les factions qui déchiraient ses entrailles, menacée au dehors par une formidable coalition, avait eu plusieurs fois son territoire souillé par la présence de l'ennemi, et le cri de la patrie devait être entendu partout et faire surgir de toutes parts des bataillons armés pour sa défense. Un moment vint enfin où, courbée sous la domination de quelques bourreaux, la France vit son sol inondé du sang le plus pur de ses enfants, de telle sorte que les citoyens, tremblant à chaque instant pour leur vie au sein de leurs familles, incessamment menacés par la suspicion et l'échafaud, préféraient affronter la mort sur les champs de bataille que devant les tribunaux révolutionnaires, et s'enrôlaient à l'envi pour échapper soit au spectacle affreux que leur présentait l'intérieur de la France, soit aux dangers de toute espèce auxquels eux-mêmes étaient exposés. Eh bien! à cette époque même, toutes ces puissantes considérations réunies ne suffirent pas à fournir des enrôlements volontaires en assez grand nombre pour les besoins de l'armée.

Les jours si brillants du Consulat et de l'Empire allaient luire sur la France; époque de triomphe et de gloire sans analogue dans les fastes d'aucun autre pays! Alors il fut vrai de dire que chaque soldat portait dans sa giberne un bâton de maréchal de France; et l'état militaire vint en si haute faveur qu'il éclipsa toutes les autres carrières. On y observa d'innombrables exemples des fortunes les plus extraordinaires; on y vit la richesse, les honneurs, les dignités ajouter encore à l'éclat de l'épaulette; on y vit des hommes de la plus humble origine conquérir les plus brillantes distinctions sociales; on y vit, pour employer une expression proverbiale, des soldats de fortune *passer rois!* Et, pourtant, ces appâts si nombreux et si séduisants ne firent pas entrer spontanément dans les rangs de l'armée la millième partie des hommes dont l'immortel conquérant exigeait la présence.

L'Empire s'écroula, et à ces jours de combats et de gloire succédèrent de longues années de paix et de repos. Bien qu'alors les rôles de l'armée eussent subi une notable diminution, il fut évident que, pas plus qu'aux époques précédentes, les enrôlements spontanés ne fourniraient les contingents reconnus nécessaires. Ainsi, nous avons beau parcourir les diverses phases de notre histoire moderne, partout nous découvrons la preuve irrécusable que cette idée de substituer les engagements volontaires au service militaire obligatoire, idée qui actuellement encore rencontre quelques partisans, n'aurait jamais pu être fructueusement appliquée, et que le principe du recrutement a constamment et forcément prévalu.

Ce principe, en effet, est le seul qui soit fécond. Aussi haut qu'il nous plaise de remonter dans l'étude de nos institutions, nous retrouverons toujours la trace évidente de ce système, souvent dénaturé par des abus, disparaissant parfois presque complètement sous l'empire des priviléges, mais renaissant toujours par la force seule de sa valeur, enfin s'épurant et s'améliorant à mesure des transformations qu'il avait eu à subir.

Nous allons jeter un rapide coup-d'œil sur les divers modes de recrutement usités en France. Nous glisserons fort légèrement sur les temps anciens de la monarchie, bien qu'il soit facile d'y découvrir le germe du système suivi en ce moment. Nous insisterons un peu plus sur les méthodes adoptées sous Louis XIV et ses successeurs, sous la République, l'Empire, la Restauration et le gouvernement de Juillet. Nul siècle, autant que le 18.e et le 19.e, ne fut fécond en révolutions, qui ont remué de fond en comble le sol de la France, et si, en dépit des innombrables réformes que ces époques ont vues naître, le principe du recrutement des armées par la voie du sort a généralement prévalu, c'est qu'on a reconnu l'impossibilité absolue de changer un système accrédité par tant d'années d'existence, et qui remplit d'ailleurs d'une manière complète et équitable le but dans lequel il a été institué.

Sous les rois de France de la première race, le souverain n'avait point de troupes qui lui fussent propres. Seulement, en cas de guerre, les provinces étaient tenues de fournir un certain nombre d'hommes levés à-peu-près de la même manière que les contingents fournis par les Cercles d'Allemagne. Ces corps armés, composés de Gaulois, de Français et de Bourguignons, prenaient chacun le nom de la province d'où ils sortaient. Ces contingents étaient recrutés directement par les possesseurs des terres auxquelles les hommes étaient attachés. Les possesseurs de ces terres, grands-vassaux, suzerains ou vavasseurs, ne les avaient obtenues qu'à condition de fournir au roi un certain nombre d'hommes de guerre, à la tête desquels ils étaient tenus de marcher. Les fiefs ecclésiastiques eux-mêmes n'étaient pas, sauf de rares exceptions, affranchis de cette redevance : non-seulement ils devaient, comme les fiefs séculiers, fournir un contingent de guerre, mais encore les évêques et les abbés qui occupaient ces fiefs étaient tenus de se faire remplacer par un capitaine de leur choix, chargé de commander les troupes qu'ils avaient levées. Bien que les vassaux relevassent directement de leurs suzerains, ils avaient, comme sujets, de dures obligations militaires à remplir envers le roi. Tous étaient contraints de répondre à l'appel qu'on leur faisait en cas de guerre ; n'étaient exempts que les enfants, les faibles, les malades et les vieillards. Il y avait cependant certaines exceptions obtenues par privilége, et ceux qui jouissaient de cette faveur étaient assujettis à certaines corvées, comme l'entretien des routes et des ponts, la surveillance des frontières, etc... Les seigneurs devaient se mettre à la tête de tous leurs vassaux libres et de la dixième partie de leurs serfs. Ils encouraient une forte amende s'ils exemptaient du service un homme libre, sans la permission du roi. La manière dont les seigneurs exigeaient de leurs vassaux immédiats la redevance militaire est digne d'attention. La partie virile d'un village était divisée en deux catégories : le *ban*, composé des hommes jeunes et valides, qui prenaient les armes au premier appel ; l'*arrière-ban*, sorte de réserve moins valide, qui ne marchait que dans les occasions pressantes.

Une armée ainsi levée devait le service pendant six mois consécutifs, sans préjudice des appels subséquents qui pouvaient être adressés de nouveau, après leur licenciement, aux hommes qui la composaient. En d'autres termes, un homme libre, tant qu'il était en état de porter les armes, pouvait toujours être appelé, et, chaque fois, il était tenu à six mois de service. Une troupe ou compagnie, au moment de son entrée en campagne, recevait de sa province des habits et des armes pour six mois, et des vivres pour trois mois; pendant les trois autres mois, les vivres étaient fournis aux dépens du souverain, qui souvent commandait l'armée en personne.

Sous la seconde race, la manière de lever, de traiter et d'entretenir les troupes demeura ce qu'elle avait été dans les siècles précédents. Seulement, on régularisa les redevances militaires, et la discipline fut bien plus sévère. Beaucoup de fiefs, devenus, soit par confiscation, soit à d'autres titres, la propriété du souverain, étaient attribués par lui temporairement à des hommes libres, à condition que celui qui en acceptait la jouissance lèverait un plus grand nombre de gens d'armes que le fief n'en eût produit naturellement. On imposa aux hommes libres non titrés des redevances militaires proportionnées à leur fortune. On admit même dans l'armée des serfs qu'on employait d'abord aux plus vils usages, et qu'on arma plus tard pour en faire des fantassins. On fixa des peines rigoureuses contre les hommes libres qui refusaient le service : une amende de 60 sols d'or pour ceux qui ne se rendaient pas sous les drapeaux, la mort pour les déserteurs. On admit, toutefois, quelques exceptions. Ainsi on exempta du service les nouveaux mariés pendant la première année de leur mariage, et une loi spéciale défendit aux ecclésiastiques de guerroyer. Toutes ces institutions furent en grande vigueur jusqu'à la fin du règne de Charlemagne; mais, sous Louis-le-Débonnaire, il commença à se manifester, dans l'exécution des réglements et dans la discipline, un relâchement qui alla toujours croissant, si bien que, sous Charles-le-Chauve et ses successeurs, l'art militaire et tout ce qui en dépend tombèrent en une extrême décadence. Charles, en rendant héréditaires les duchés et les comtés qui auparavant étaient amovibles, affaiblit la prérogative royale de toute la puissance qu'il reporta sur les possesseurs de ces titres et des fiefs qui y étaient attachés. Les vassaux de ces fiefs relevèrent alors presque exclusivement de leurs seigneurs, qui eux-mêmes commencèrent à s'affranchir des redevances qu'ils devaient à leur souverain. Cette situation allait s'aggraver encore.

Lors de l'avénement des rois de la troisième race, la puissance royale se trouvait singulièrement amoindrie par le fait des usurpations successives des grands-vassaux de la couronne. Hugues-Capet crut devoir confirmer leurs usurpations, à condition de foi, d'hommage et de service militaire. C'est de là que paraît dater la création du droit féodal. Dans les premiers temps, les grands-vassaux furent fidèles à leurs engagements; mais bientôt plusieurs commencèrent à s'en affranchir, et placèrent souvent la royauté dans des situations dangereuses. Cependant il ne leur arriva que fort rarement de refuser le service militaire, et de même que sous les deux races précédentes, quand le roi avait besoin d'une armée, les seigneurs fournissaient chacun son contingent, et commandaient, sous les ordres de leur souverain, les troupes qu'ils avaient amenées. Comme les armées étaient exclusivement composées de cette façon, les rois avaient des rôles exacts de leurs feudataires, avec l'état du nombre et de la qualité des soldats que chacun était obligé de produire. A cette époque, la durée du service, pour chaque compagnie, si nous pouvons ainsi parler, fut réduite à quarante jours. Il y avait même des gentilshommes qui avaient mérité ou acheté le droit de réduire à vingt-cinq, à quinze et même à cinq jours la durée de leur service militaire ; mais quarante jours étaient la durée de règle générale. Cependant, en dehors des usages féodaux que nous venons de relater, les souverains de la troisième race s'étaient réservé le droit, dans certaines grandes nécessités de l'Etat, d'appeler sous les drapeaux tous leurs sujets. Une ordonnance de Philippe-le-Bel, en 1302, porte « que tous les Français, nobles et non nobles, de quel-» que condition qu'ils soient, qui auront âge de 18 ans et » plus, jusqu'à l'âge de 60 ans, soient prêts à marcher en » campagne. » Dans ces occasions, les capitaines que le roi commettait pour faire ces levées parcouraient les villes, les villages et les bourgs, et désignaient dans chaque lieu ceux par lesquels ils jugeaient à propos de se faire suivre. Quant à l'entretien de ces armées, on y subvenait aux dépens des feudataires. Ceux-ci fournissaient, outre les hommes, des armes, des chevaux, des équipements et des vivres. Il y avait des fiefs ecclésiastiques qui payaient en argent leurs redevances militaires.

Ici se présente une importante observation. Sous les rois de la première et de la seconde race, il n'a point été question de solde. En effet, les armées, équipées et nourries comme nous l'avons dit, se contentaient, pour toute solde, du butin qu'elles faisaient et de leurs prisonniers qu'elles vendaient avec grand avantage. Quand des conquêtes avaient été faites, le souverain accordait aux chefs des terres et des fiefs, auxquels il avait soin d'attacher certaines charges. Du reste, il en avait été de même chez les Romains, où, pendant les trois premiers siècles et plus de la république, les soldats ne touchaient point de paie. Dès les premiers règnes de la troisième race de nos rois, cet usage se modifia : les barons, les chevaliers, les bannerets et les écuyers commencèrent à toucher une solde sur les deniers royaux ; le roi paya les chevaux tués pendant la guerre ; il y eut même quelques gentilshommes de rang inférieur, qui non-seulement étaient soldés, mais encore recevaient du roi de quoi s'équiper.

Les commencements du règne de Philippe I.er vinrent rendre plus fâcheux encore les rapports du souverain avec les seigneurs du royaume. Ceux-ci, profitant de la faiblesse de ce prince indolent et voluptueux, méconnurent presque complètement l'autorité royale, se livrèrent, contre leurs propres vassaux, aux plus odieuses vexations, et commirent, sur leurs voisins, principalement sur les évêques et les abbés, des usurpations incessantes. Les capitaines au service de ces seigneurs imitèrent la conduite de leurs maîtres, et organisèrent, dans toute l'étendue du domaine royal, le meurtre et le pillage. Heureusement, Philippe avait un fils qui ne partageait ni l'incapacité ni la faiblesse de son père. Ce prince, qui fut depuis Louis-le-Gros, attaqua ces seigneurs rebelles, les défit dans une multitude de combats, rasa leurs châteaux et confisqua leurs terres. Ce fut dans ces expéditions qu'il mérita le surnom de *Batailleur*. Quand cette rude tâche eut été accomplie, Louis, pensant avec raison que, en cas de guerre, le roi ne pouvait rien espérer de ceux qui avaient été châtiés, songea à créer des défenseurs de la couronne en dehors des grands-vassaux. C'est de là que part l'institution des milices communales. Jusque-là, les comtes, les vicomtes, les baillis et les sénéchaux avaient été seuls chargés de lever des troupes dans les villes; ce pouvoir leur fut ôté et attribué aux villes elles-mêmes. Ce ne fut pas une nouvelle charge imposée aux citoyens, puisque tous les bourgeois et hommes libres avaient toujours été tenus au service militaire; mais ils avaient été subordonnés aux comtes ou gouverneurs, baillis, etc., tandis que, à dater de cette réforme, ils ne relevèrent plus que de leurs maires et échevins. Les milices communales, composées de bourgeois et d'affranchis, allaient à l'armée par paroisses, ayant leurs curés à leur tête et avec la bannière de l'église. De là vient l'usage, qui s'est perpétué jusqu'à nos jours, de porter des bannières en tête des processions; auparavant, on n'y portait que la Croix. Cet étendart, accordé à chaque paroisse, fut une sorte de constatation du privilége militaire qui leur était attribué.

Les milices communales n'étaient obligées de marcher à leurs frais que dans un certain rayon autour de leurs villes; au-delà de ce rayon, le roi devait les défrayer. Les contingents étaient proportionnés à l'importance des villes; ils variaient de 100 à 500 soldats. En campagne, ces milices agglomérées étaient commandées par un seigneur de distinction. Cette création n'eut lieu d'abord que dans les villes du domaine immédiat du roi; plus tard, elle s'étendit aux autres provinces. Les grands-vassaux furent souvent les premiers à solliciter du roi le droit de recourir à cette innovation, afin de mettre un terme à la turbulence des vavasseurs et des vassaux. On comprend, du reste, que l'institution des milices communales n'affranchit pas les feudataires de la couronne des redevances militaires qu'ils devaient au roi, leur suzerain; au contraire, l'autorité royale, fortifiée, trouva dans cet acte un nouveau moyen de se faire rendre ce qui lui était dû. Les seigneurs affectaient de distinguer leurs troupes de celles fournies par les villes; les historiographes et les chroniqueurs ont consacré ces distinctions en désignant les gens d'armes des seigneurs par le nom de *milites* et les milices communales par ceux de *burgenses*, bourgeois, et *communitates parochiarum*, communautés des paroisses. Les milices communales paraissent n'avoir existé que pendant 350 ans environ; on en perd la trace vers les premières années du XV.ᵉ siècle.

C'est sous le règne de Philippe-Auguste que furent formés les premiers corps de troupes mercenaires, qui ne servaient que pour gagner leur solde, et que, pour cette raison, on appela *soudoyers*, puis *soldats*. Le roi avait fait d'avance de grandes économies en supprimant certaines dépenses, afin de pouvoir entretenir des troupes mercenaires, qui lui offriraient le moyen d'être moins dépendant de ses vassaux et des communes. Ces corps étaient formés d'un mélange d'aventuriers appartenant à toutes les nations, gens sans foi ni loi, qu'on appelait *cottereaux*, *routiers*, *brabançons*. Ce n'étaient, à proprement parler, que des brigands, et il est à remarquer que Philippe-Auguste fut souvent contraint de les châtier sévèrement avant le jour où il les prit à son service. Ce prince possédait un grand nombre de ces soldats, car on voit, dans Froissart, qu'il leur payait mille livres par jour, somme énorme pour ce temps-là. Du reste, les milices mercenaires se vendaient au dernier enchérisseur, et souvent la France et l'Angleterre en entretinrent simultanément. Elles s'accrurent tellement qu'elles devinrent très-redoutables à nos rois; en effet, des seigneurs, ruinés par la confiscation ou la guerre, allèrent parfois grossir le nombre de ces aventuriers. Ces désordres durèrent jusqu'à Charles V. Celui-ci, voulant en débarrasser la France, les envoya, sous la conduite de Bertrand Duguesclin, guerroyer en Espagne, où ils furent taillés en pièces, tandis qu'on pourchassait et exterminait ceux en petit nombre qui étaient demeurés en France. Ce même prince institua des compagnies de *gens d'armes* et d'*archers*. Ces compagnies étaient formées de cent hommes conduits par un seigneur qui prenait le titre de capitaine. Les soldats et les officiers recevaient la solde du roi.

Il n'y a pas encore bien des années qu'on voyait dans l'armée française des compagnies étrangères, attachées à la maison du roi. Cette coutume remonte au onzième roi de la troisième race, Philippe-le-Bel, qui, en diverses occasions, traita avec les rois d'Ecosse, de Norwége et avec certains princes d'Allemagne, pour en obtenir des soldats. Cet usage s'accrédita plus encore sous Philippe-de-Valois, qui attira un grand nombre d'étrangers dans les armées de terre et de mer. Depuis ce moment, jamais on n'y renonça entièrement, et la France a eu à sa solde des Anglais, des Ecossais, des Irlandais, des Italiens, des Danois, des Espagnols, des Allemands, des Suisses, selon les alliances qu'elle formait avec ces diverses nations. Les derniers étrangers que nous ayons vus à la solde de la France sont les Suisses, qui furent licenciés à la chute de Charles X.

Nous arrivons à l'époque où la plus importante des réformes fut introduite dans les forces militaires de la France. On sait en quelle déplorable situation la folie de Charles VI avait réduit cet Etat. Elle empira encore dans les premières années du règne de Charles VII, qui, si miraculeusement aidé par la Providence, parvint enfin à chasser les Anglais et à mettre les Bourguignons à la raison. Quand ce prince eut accompli cette tâche qui lui valut le surnom de *Victorieux*, il eut à triompher de difficultés non moins grandes, qui surgirent au sein même de son royaume. Après la cessation des hostilités, les milices et principalement les troupes mercenaires se livrèrent à des excès qui semaient partout la terreur et la désolation. Ces corps francs, commandés par des capitaines farouches, s'étaient rendus si odieux qu'on leur appliqua le nom d'*écorcheurs*, qui traduit exactement leurs habitudes de pillage et de férocité. Charles, pour sortir de cette intolérable situation, créa une armée permanente et soldée. Il y incorpora les meilleurs parmi ces aventuriers, en forma quinze compagnies de 600 cavaliers chacune, sans compter un nombre plus considérable de volontaires placés à la suite, et qui aspiraient à y entrer, à mesure qu'il y avait des places vacantes. Ces compagnies furent distribuées en diverses garnisons, soumises à une rigoureuse discipline, et soldées avec 1,200,000 livres, que le roi obtint des Etats-généraux tenus à Orléans. A dater de ce moment, les écorchèurs disparurent complètement. Dans les années suivantes, le roi crut pouvoir faire lever, sans le concours des Etats, les impôts dont il avait besoin pour solder sa milice. Par ce fait de la création d'une armée permanente, Charles opéra une profonde révolution; la suprématie du pouvoir civil sur la force brutale fut constituée, et la féodalité, malgré tout ce qu'elle fit pour s'en défendre, reçut une atteinte que, quelques années plus tard, Louis XI devait rendre définitive. L'effet immédiat de cette heureuse institution fut de rétablir la sécurité, le commerce, l'agriculture; de faire rentrer la France, en un mot, dans une large voie d'ordre et de prospérité.

Une des conséquences de l'institution de cette milice, qu'on désigna sous le nom de *compagnies d'ordonnance*, fut que les feudataires de la couronne purent insensiblement être dispensés de conduire leurs vassaux au service, si ce n'est dans les circonstances périlleuses, où l'on convoquait le ban et l'arrière-ban. Sous les règnes suivants, le nombre de ces compagnies et celui des hommes et des chevaux qui les composaient furent successivement augmentés. Ces gens d'armes étaient armés de la même manière; ils ne portaient pas d'uniforme : seulement une partie de leurs vêtements (habituellement une manche) était à la livrée de leur capitaine. Ils furent toujours en grande réputation de bravoure, et reçurent diverses adjonctions qui, bien qu'ayant des dénominations différentes, procédaient d'un même principe.

Indépendamment de ces compagnies d'ordonnance, Charles VII fit, dans l'organisation des armées, d'autres importantes innovations. Avant lui, l'infanterie, excepté des archers et des arbalétriers étrangers, ne comptait que de mauvais soldats, en faible nombre, mal armés et peu propres au service, car on n'estimait guère que la cavalerie. Afin de former une bonne infanterie, il ordonna que les villes, les communes, les villages et les bourgs levassent des archers bien choisis et bien équipés. Chaque paroisse dut fournir un homme toujours prêt à marcher, qui, en compensation, fut affranchi par le roi de toutes tailles et reçut quatre livres par mois de service. Pour ce motif, on appela les milices ainsi formées *francs-archers* ou *francs-taupins*. Ces archers furent au nombre de seize mille, commandés par quatre capitaines généraux.

C'est ainsi que Charles VII parvint à avoir une armée aussi bien montée en infanterie qu'en cavalerie. L'institution des francs-archers ne dura que jusqu'au règne de Louis XI, qui les cassa et les remplaça par des Suisses et par 10,000 hommes d'infanterie française, levés à l'aide d'un impôt spécial.

Il est facile de comprendre pourquoi Louis XI supprima les francs-archers. La défiance excessive qui formait le fond du caractère de ce prince ne lui permettait guère d'avoir foi en son peuple, pour lequel cependant il avait plus fait qu'aucun de ses prédécesseurs. Il préféra donner sa confiance à des étrangers, à des soldats mercenaires sur lesquels il comptait d'autant plus que, malgré son avarice, il payait fort généreusement leur fidélité. On sait que, indépendamment de ses compagnies suisses, Louis XI avait composé sa garde personnelle d'archers écossais.

Son successeur, Charles VIII, sut concilier les systèmes de son père et de son aïeul. Il conserva les soldats mercenaires du premier, et même y adjoignit des compagnies composées d'Allemands et qu'on désigna sous le nom de lansquenets, et des corps d'Italiens. Mais, d'un autre côté, reconnaissant déjà que les troupes d'infanterie étaient appelées à jouer un grand rôle dans les combats, il songea à en accroître le nombre. Il rétablit les francs-archers institués par Charles VII; seulement, au principe de l'enrôlement volontaire, il substitua celui de la *conscription*. Ce fut la première tentative faite en ce genre. Ce roi recruta ses francs-archers, en exigeant que les villes et villages lui fournissent un homme par cinquante-cinq feux. Louis XII, on n'en peut facilement découvrir le motif, supprima de nouveau les corps des francs-archers et revint au système des enrôlements volontaires, ce qui ne l'empêcha pas de fortifier merveilleusement son infanterie en la composant de soldats français recrutés à prix d'argent et en proportionnant le nombre de ses troupes aux exigences du moment. Cependant, il y conserva constamment une quantité considérable d'étrangers mercenaires.

François I.er, justement préoccupé des inconvénients que pouvait entraîner pour la France la présence dans les armées d'un trop grand nombre d'étrangers, voulut prévenir le danger qu'il redoutait. S'inspirant des traditions romaines, il institua une milice nationale, à laquelle il donna le nom de *légions*. L'organisation de cette milice est fort digne, dans notre siècle même, d'obtenir une haute approbation, car on y retrouve des traces évidentes de ce qu'on appellerait aujourd'hui un esprit progressif et libéral. Ce prince décréta donc la formation de sept légions, qui devaient être composées chacune de six mille hommes d'infanterie. La levée des légionnaires fut répartie entre les provinces du royaume, de telle sorte que les soldats d'un même pays se trouvassent ensemble. Les soldats, par le fait de leur enrôlement, étaient exempts de la taille jusqu'à concurrence de vingt sols ; les gentilshommes, de leurs redevances féodales. Le soldat qui se distinguait par une action d'éclat recevait un anneau d'or, qu'il portait comme marque honorifique. Le vilain qui s'élevait jusqu'au grade de lieutenant était anobli ; les invalides étaient exempts de toutes tailles et corvées pour le reste de leurs jours, et étaient, autant que possible, reçus dans les garnisons sédentaires.

Outre ses légions, François I.er conserva ce qu'on appelait les *bandes*, compagnies franches, composées de trois ou quatre cents Français qui s'enrôlaient, sans distinction de province, sous des capitaines de leur choix, lesquels étaient à la solde du roi. Ce prince se servait encore d'une autre espèce de gens de pied, qu'on appelait *avanturiers*. C'étaient des nationaux, mais sans feu ni lieu, qui s'armaient et se réunissaient selon leur fantaisie, se choisissaient un capitaine et se mettaient au service de qui les voulait. On ne leur accordait pas de paie, mais on leur donnait des étapes, et, une fois en pays ennemi, ils vivaient de leur butin. On conçoit à quels excès de semblables usages dûrent souvent les pousser. En effet, il y eut des compagnies assez fortes et assez audacieuses pour attaquer et mettre à sac des villes de France. Aussi, François I.er finit-il par être contraint de rendre une ordonnance par laquelle il déclare ces *avanturiers* ennemis de l'Etat, et les abandonne à qui voudra les tuer. Pour le dire en passant, ce furent les bourgeois d'Autun qui exécutèrent les premiers cette ordonnance : ils levèrent des milices qui marchèrent contre les Avanturiers, dont beaucoup furent taillés en pièces, quelques-uns pris et pendus, les autres dispersés. L'exemple des Autunois ne tarda pas à être généralement suivi, et bientôt le royaume fut délivré de ces bandits. Ils reparurent bien à divers intervalles, mais on trouva toujours moyen de les exterminer. Les légions instituées par François I.er ne subsistèrent par malheur que pendant quelques années ; elles furent remplacées par les *bandes*, dont nous avons parlé ci-dessus.

Henri II restaura l'institution que François I.er avait laissé dépérir, c'est-à-dire qu'il revint à l'organisation des légions, qu'il perfectionna. En 1557, il fit une ordonnance portant création de sept légions, chacune de 6,000 hommes de pied, et réparties entre les provinces de la même manière que celles de François I.er L'appât offert à ceux qui s'engageaient était également l'exemption de la taille jusqu'à concurrence de vingt sols. Le roi réglementa la paie que toucherait chaque homme, et il organisa la hiérarchie des officiers de ces légions. On y voit un colonel, des capitaines, des lieutenants, des enseignes, un sergent-majour, des sergents, des fourriers ; en un mot, on y reconnaît déjà la forme des régiments, et, en effet, quelques années après, les légions commencèrent à prendre le nom de *régiments*, bien qu'il soit vrai de dire que cette dénomination ne prévalut définitivement que sous le règne de Charles IX. La grande défaite que le connétable de Montmorency éprouva contre le duc de Savoie, sous les murs de St.-Quentin, fut l'occasion à propos de laquelle Henri II institua ses nouvelles légions. Toutes celles que ce prince avait projeté de lever ne le furent pas immédiatement ; mais ses successeurs complétèrent son œuvre, dont ils avaient pu facilement apprécier le mérite.

Il serait superflu de poursuivre pas à pas l'historique de la milice française sous les règnes suivants. L'organisation des armées permanentes, l'institution des impôts spéciaux, destinés à solder régulièrement les troupes ; la création des milices provinciales, levées dans le double but de protéger leurs propres foyers et de composer l'infanterie des armées dont la cavalerie était fournie par les possesseurs des fiefs féodaux ; l'établissement d'une discipline militaire fortement réglementée ; la formation de la hiérarchie dans les grades, concordant avec la substitution des régiments aux légions ; le système des enrôlements volontaires, avec certaines faveurs offertes aux enrôlés ; un premier essai de conscription établie proportionnellement au chiffre des habitants de chaque localité ; tout cela nous montre déjà fort clairement la succession des phases diverses parcourues aux différentes époques de notre histoire, avant qu'on arrivât au mode de recrutement usité de nos jours. Nous nous bornerons à signaler, sans entrer dans des détails qui nous entraîneraient trop loin, les modifications importantes que l'expérience y a apportées peu à peu.

Jusqu'à Henri IV, le principe de l'enrôlement volontaire continua de prévaloir. Mais alors on s'aperçut de l'insuffisance et de la défectuosité de ce moyen. L'industrie et l'agriculture, en se développant, utilisaient chaque jour plus de bras et diminuaient le nombre des hommes disposés à vendre leurs services militaires. Sully, vers les derniers temps du règne de Henri IV, inventa un système qui se perpétua jusqu'en 1789. Il exigea des provinces un certain nombre de milices qui, armées et équipées aux frais de leurs provinces, étaient incorporées dans les régiments. Sous les quatre rois suivants, c'est-à-dire jusque vers la fin du règne de Louis XVI, ce mode de recrutement subsista ; seulement, les contingents qu'on exigeait augmentèrent de plus en plus. Toutefois, alors que ces contingents furent portés au plus haut point, leur chiffre actuellement serait regardé comme fort modéré. Le *tirage de la milice*, — ainsi s'appelait alors ce qu'on nomme aujourd'hui recrutement, — se faisait non par numéros, mais par billets blancs et noirs. Les classes n'étaient pas établies comme actuellement par catégories d'hommes de 20 ans accomplis ; dans une commune, tous les hommes jeunes, valides et célibataires étaient obligés, jusqu'à un certain âge, de tirer à la milice, toutes les fois qu'on faisait un appel. Il est vrai que les chances de libération étaient belles, puisqu'on ne prenait guère que deux sur cent jeunes hommes. Dans certaines localités, sous Louis XV et Louis XVI, le tirage était remplacé par l'élection, c'est-à-dire qu'on désignait au scrutin ceux qui devaient partir.

Dès ce moment, on aperçoit l'origine du remplacement. Quand un jeune garçon avait tiré un billet blanc, il n'était pas rare de l'entendre offrir, à ceux qui n'avaient pas encore tenté le sort, de prendre leur place et de se substituer à leurs chances, bonnes ou mauvaises. Le prix habituel de ces substitutions était un écu de six livres. On en a vu qui, favorisés par le sort, tiraient ainsi impunément pour une vingtaine de camarades et gagnaient autant d'écus, jusqu'à ce qu'enfin le billet noir leur vînt en partage. Dans ce cas, ils prenaient gaîment leur parti et devenaient soldats. Il est inutile d'ajouter que les enrôlements volontaires subsistaient concurremment avec le tirage. On sait le rôle que jouaient les *racoleurs*, qui, précédés d'un tambour et d'un fifre, parcouraient les villes et les campagnes, promettant monts et merveilles aux pauvres garçons assez simples pour les croire. Ces racoleurs, à Paris, illustraient principalement le quai de la Ferraille. Ils *travaillaient* pour le compte des intendants de province et des jeunes et riches seigneurs, qui, possesseurs d'un régiment du roi, ne reculaient devant aucun sacrifice pour y incorporer des hommes choisis et nombreux.

Dans cette longue période que nous venons de parcourir, nous n'avons pas dû nous arrêter sur les admirables réformes introduites dans l'armée par Louvois, sous Louis XIV : la création d'un costume uniforme, la marche au pas, l'emploi de la baïonnette ; l'organisation de l'administration, de la discipline, des hôpitaux, des magasins de vivres ; la formation de régiments spéciaux ; l'impulsion donnée à la science des manœuvres, de l'attaque et de la défense des places. Nous avons dû également passer sous silence l'institution de toutes sortes de corps particuliers : gendarmes de la garde, chevau-légers, mousquetaires, gardes-françaises, en un mot, de toutes ces compagnies d'élite dont la réunion composait la maison militaire du roi. De pareils détails nous auraient fait sortir du cadre que nous nous sommes tracé, et, d'ailleurs, ne jetteraient aucune lumière nouvelle sur le sujet que nous avons entrepris de traiter.

La conscription des milices, instituée sous Henri IV, fut conservée par les successeurs de ce prince. Ceux-ci, reconnaissant combien ce principe était fécond, lui donnèrent une extension toujours croissante, c'est-à-dire qu'ils augmentèrent les contingents que chaque commune avait à fournir. Sous Louis XV, les milices provinciales devinrent d'une importance extrême ; elles prirent les noms de régiments provinciaux, grenadiers royaux, et rendirent souvent de signalés services. Louis XVI lui-même demeura fidèle à cette tradition pendant les quinze premières années de son règne ; ses armées étaient formées de milices provinciales, d'engagés volontaires et d'une assez forte proportion de mercenaires étrangers.

Nous croyons que ce que nous avons rapporté jusqu'ici suffit amplement à donner une idée de la manière dont se sont formées les masses militaires de la France, depuis l'origine de la monarchie jusqu'à 1789. Il ne nous reste plus qu'à étudier les innovations qu'a produites, sous ce rapport, une révolution si féconde en grandes et utiles réformes.

La révolution de 1789, accomplie au nom des principes libéraux, frappa de réprobation la levée des milices provinciales. On considéra cet usage comme une atteinte portée aux droits et à la liberté des citoyens : aussi fut-il d'abord aboli par un décret de l'assemblée constituante, et en même temps on institua la garde nationale ; quant aux troupes de ligne, on ne les composa plus que d'engagés volontaires. Les choses demeurèrent en cet état jusqu'en 1792. Mais alors la formidable coalition qui s'organisait au dehors, les dangers de toute espèce qui menaçaient la France rendirent impérieusement nécessaire l'accroissement de nos forces militaires. L'assemblée législative fit au peuple de chaleureux appels ; le patriotisme parla haut dans le cœur des citoyens, et l'on vit surgir, pleins d'ardeur et d'enthousiasme, des bataillons nombreux de volontaires. Cela pourtant ne suffit pas lors de la première invasion des armées de la coalition, et une loi, en date du 24 février 1793, mit en *réquisition*, jusqu'à concurrence de 300,000 hommes, tous les citoyens non mariés, ou veufs sans enfants, âgés de 18 à 40 ans. Au mois d'août de la même année, une nouvelle loi décréta la levée en masse de tous les jeunes gens de 18 à 25 ans. Voilà ce que fut la réquisition. En l'an VI de la République, la réquisition devint la *conscription*, et une loi du 19 fructidor en réglementa les dispositions. On sait ce que fut la conscription jusqu'à la chute de l'Empire, fardeau terrible dont le poids écrasant fut si souvent aggravé par des levées extraordinaires.

Les Bourbons, au moment de leur rentrée, entendirent les cris de réprobation universelle que la conscription soulevait. Pour se populariser, ils eurent le tort d'en promettre l'abolition ; mais ils ne commirent pas la faute immense de tenir cette promesse inconsidérée. En mars 1818, parut une loi nouvelle qui posait les conditions d'entretien de l'armée. C'était la réhabilitation du précédent système ; seulement les noms étaient changés : les *conscrits* étaient devenus les *jeunes soldats*, la *conscription* s'appelait le *recrutement*. Cependant cet impôt était régularisé et singulièrement adouci. La chose et le nom se sont perpétués jusqu'à ce jour, en subissant de légères modifications qui sont trop universellement connues pour que nous regardions comme utile de les rappeler ici.

Ces longs détails historiques dans lesquels nous avons cru devoir entrer ont du moins le mérite de démontrer clairement que, du point de vue des faits aussi bien que de celui de la logique, il est indispensable de ne compter, pour l'entretien des armées permanentes, que sur le principe d'une obligation légale. Cette obligation, en effet, est consacrée par des coutumes qui remontent aussi loin qu'on peut les suivre dans l'histoire. Les servitudes militaires auxquelles étaient soumis les vassaux envers leurs seigneurs et ceux-ci envers le roi, les milices communales du commencement du 12.e siècle, la conscription de Charles VII, les milices provinciales de Henri IV, continuées et développées encore par ses successeurs jusqu'à la première chute de la monarchie, tout cela prouve péremptoirement que l'idée du service obligatoire a toujours prévalu en France. La première révolution, il est vrai, exclusivement préoccupée de l'élément libéral, abolit cet usage comme essentiellement attentatoire à la liberté du citoyen ; mais, trois années après, elle est contrainte d'y revenir, et elle le fait si complètement qu'elle le généralise et trace, pour les gouvernements ses successeurs, une voie dont ceux-ci se gardent bien de s'écarter. Levées, réquisition, conscription, recrutement, ou quel que soit le mot qu'on emploie, ont tous été produits par le même germe que trois révolutions n'ont pu déraciner ; il faut donc se résoudre à l'accepter. Si nous avons insisté sur ce fait, c'est qu'il existe actuellement quelques hommes de mérite qui préconisent encore, comme moyen exclusif de recrutement, le système des enrôlements volontaires, et nous devions avoir à cœur de réfuter cette erreur qu'il serait dangereux de laisser s'accréditer.

A diverses époques, des hommes d'état et des publicistes en grand nombre se sont énergiquement élevés contre le recrutement, qu'ils désignaient sous le nom de l'*impôt du sang*. C'est, en effet, un impôt bien onéreux que celui qui réclame d'un citoyen le sacrifice des plus belles, des plus fécondes années de sa jeunesse, qui l'enlève à ses études, à ses travaux, à sa famille, pour le transporter brusquement dans un milieu où l'obéissance passive est un devoir impérieux, pour le soumettre, en un mot, aux inflexibles exigences d'une vie dure et d'une discipline sévère. Puisqu'il est impossible d'abolir cet impôt sans mettre en danger la tranquillité et peut-être le salut de la patrie, il importe du moins que les gouvernements fassent tous leurs efforts pour l'alléger. Mais, en même temps qu'il convient de diminuer, dans la mesure du possible, ce pénible fardeau, il faut également se bien garder de rien faire qui puisse restreindre ou paralyser les services étendus qui en sont la compensation légitime. Les auteurs du projet de constitution se sont-ils inquiétés de consulter simultanément ces deux points de vue qui sont inséparables ? C'est ce que nous allons examiner.

L'art. 109 du projet de constitution porte : « Tout Français, sauf les exceptions fixées par la loi, doit en personne le service militaire. » *Doit en personne*, cela veut dire évidemment que tous les citoyens seront soldats, et que, sauf les infirmes et les jeunes gens appartenant à quelques catégories définies par une loi spéciale, chacun devra aller à son tour passer un certain espace de temps sous les drapeaux, sans être soumis aux chances du tirage et sans avoir la faculté de se faire remplacer. C'est là, du reste, une opinion que le chef actuel du pouvoir exécutif, M. le général Cavaignac, partage avec les auteurs du projet de constitution. Il déclarait, en effet, il y a quelques semaines, que nul ne pouvait être dispensé, ni par le sort, ni par le sacrifice d'une somme d'argent, de payer à son pays sa part de redevance militaire. Malgré la compétence respectable de cette haute autorité, non-seulement nous ne partageons pas cette opinion, mais encore nous la considérons comme peu libérale, comme attentatoire à la bonne organisation du service, enfin comme préjudiciable à une foule d'intérêts d'une importance majeure. Sans doute, le principe qui semble avoir inspiré cette disposition est fort séduisant en théorie. Faire passer tous les citoyens, sans acception de fortune ni de condition sociale, sous l'inflexible niveau de la loi militaire, semble un principe d'égalité toute républicaine; mais, dans la pratique, ce principe peut-il être d'une application féconde? Faut-il, parce qu'une idée est spécieuse, logique même, la poursuivre avec obstination sans en étudier les conséquences? Faut-il enfin, parodiant un mot trop célèbre, s'écrier : Périssent nos armées plutôt qu'un principe? Depuis assez long-temps, en France, nous avons contracté l'habitude de nous payer de mots sonores. Occupons-nous donc enfin, avant de nous enthousiasmer pour des formules, de rechercher avec discernement l'influence pratique qu'elles sont appelées à exercer sur le pays.

Nous prétendons que le recrutement ne saurait être généralisé sans mettre en péril les conditions nécessaires à l'existence d'une bonne armée permanente. Il n'en est pas, en effet, de l'impôt du sang comme d'un impôt pécuniaire. Lorsque l'état est obligé de demander un subside au peuple, il est juste que le paiement de la somme d'argent qu'il réclame soit proportionnellement réparti entre tous les imposés; parce que la part de charges que chacun aura à supporter sera d'autant plus légère que le nombre des contribuables sera plus grand. Il en est tout autrement de la redevance militaire. Le citoyen que la loi contraint d'entrer au service n'en ressentira pas moins douloureusement cette obligation, parce que cent mille autres seront dans le même cas que lui. Serait-il jamais possible, d'ailleurs, qu'un état, quel qu'il fût, entretînt sous les drapeaux tous les citoyens que chaque année voit arriver à l'âge légalement fixé pour le service ? En France, par exemple, on entretient habituellement une armée permanente inférieure à 500,000 hommes et qui se recrute annuellement par levées d'environ 80,000 jeunes soldats. Or, en moyenne, 300,000 citoyens de 20 à 21 ans concourent chaque année pour fournir ce contingent. En supposant que le quart de ce nombre, c'est-à-dire 75,000, se trouve dans l'une des conditions légales de réforme, il en reste encore 225,000 aptes à prendre les armes. La durée du service étant de sept années, l'effectif de l'armée permanente, d'après cela, serait de sept fois 225,000, c'est-à-dire 1,575,000 hommes, auxquels il faut ajouter le chiffre encore fort élevé de ceux qui, officiers, sous-officiers ou soldats, suivent par goût la carrière militaire et restent dans les rangs de l'armée après que leur temps est expiré. La France, quelque puissante qu'elle soit, peut-elle raisonnablement songer à entretenir sur pied une armée si formidable et si ruineuse ?

Ici va surgir une réponse détruisant en apparence toutes les objections que nous venons d'élever. En généralisant l'impôt du sang, nous dira-t-on, le gouvernement l'assimilera parfaitement aux impôts pécuniaires. On n'augmentera pas l'effectif de l'armée, mais, en répartissant le service requis entre tous les citoyens, on diminuera d'autant la charge de chacun, de telle sorte que les recrues n'auront plus à supporter que deux au lieu de sept années de service. De cette façon, la France conservera toujours un nombre suffisant mais modéré de soldats ; ceux-ci accepteront gaîment un fardeau devenu bien moins lourd, et le principe admirable de l'égalité républicaine prévaudra entièrement.

Est-ce bien sérieusement qu'on peut préconiser un semblable système ? L'Empereur, qui, on peut le dire, usa et abusa de tous les moyens de se procurer des soldats, l'Empereur qui certes comprit mieux que qui que ce soit l'organisation de l'armée, ne voulut, n'osa jamais admettre la généralisation de la conscription. Quels hommes de guerre, d'ailleurs, trouverait-on dans une armée dont les plus vieux soldats ne seraient pas âgés de 23 ans? Il faut une année pour faire un fantassin ordinaire ; il en faut deux au moins pour faire un cavalier; il faut un apprentissage bien plus long encore pour l'artillerie et le génie. Cela posé, comment faire concorder ces nécessités avec la réduction projetée du service? Et quand nous avançons qu'il faut une année pour faire un fantassin ordinaire, nous voulons dire pour apprendre les exercices, les manœuvres et s'habituer à la discipline; car, s'il s'agit d'un bon soldat, Napoléon, qui s'y connaissait, prétendait qu'il n'en existait de tels qu'après cinq ans au moins de service. Cette question a encore été traitée *ex professo* par d'autres hommes de guerre dont on ne saurait contester la compétence. Les généraux Préval, De Caux, Neigre et Laplace, membres d'une commission de la chambre des pairs appelée, en 1843, à se prononcer à ce sujet, repoussèrent avec une énergique unanimité toute idée de réduire à peu de temps la durée du service. Ils n'admettaient pas qu'il fallût moins de quatre ans de séjour au régiment pour faire un bon soldat ; ils étaient d'avis qu'on ne pouvait fixer moins de six ans pour minimum de la durée du service effectif des recrues. Le général Schneider exprimait dernièrement des opinions identiques, en ajoutant qu'un service restreint entraînerait « l'affaiblissement moral et physique de l'armée. » En 1841, le maréchal Soult eut l'idée de renoncer au système des réserves et d'incorporer tous les contingents immédiatement après les opérations des conseils de révision. Un projet de loi fut même formulé en ce sens. Mais le maréchal, ayant reconnu qu'il serait forcé de réduire à trois ans la durée du service actif, recula devant les funestes conséquences qui en seraient résultées pour la constitution de l'armée et renonça à son projet.

Aujourd'hui même que, grâce au progrès des idées pacifiques, il est permis, jusqu'à un certain point, de considérer l'entretien d'une armée permanente comme une mesure de prévoyance plutôt que de nécessité ; aujourd'hui que nos gouvernants, nous aimons à le croire, seront assez sages pour ne pas jeter la nation française dans les périlleuses éventualités de ces guerres longues et acharnées où se brisèrent jusqu'aux hommes de fer des armées impériales ; aujourd'hui, malgré ces heureux pronostics, des soldats enrôlés depuis un an ne sauraient pas même suffire à nos besoins militaires, qui sont pourtant si restreints.

L'Algérie réclame des soldats, aussi bien que des colons ; or, enverrait-on sous son soleil torréfiant des recrues arrachées la veille aux bras de leurs familles ? Toutes les fois, dans ces dernières années, que le ministère de la guerre a été occupé par un homme expérimenté, on a pu remarquer avec quel soin il s'inquiétait d'acclimater peu à peu les régiments avant de les diriger sur l'Afrique. Ainsi, on les faisait séjourner quelque temps dans le milieu, puis dans le midi de la France, sur le littoral de la Méditerranée, avant de les exposer aux pernicieuses influences du climat africain. Toutes les fois que ces sages et humaines précautions ont été négligées, on a vu de beaux régiments, composés d'hommes forts et depuis long-temps rompus aux fatigues de la guerre, décimés cependant par les fièvres et les maladies qu'ils contractaient en Afrique, en dépit de toutes les précautions hygiéniques que prenait l'administration pour les préserver. Encore une fois, une armée de conscrits adolescents serait-elle capable de supporter les marches forcées, les privations et les intempéries auxquelles sont journellement exposées nos colonnes africaines ?

En présence de ces considérations, il n'est pas un esprit droit qui puisse désormais persévérer dans l'idée de réduire à deux ans la durée du service militaire, puisqu'il est évident qu'une telle réforme n'aurait pour résultat que de préparer à la France de honteuses défaites, si la destinée voulait que nous fussions encore appelés à livrer quelques-unes de ces batailles qui, du moins, ont entouré le nom français d'un prestige si glorieux. Du reste, dès long-temps il y eut en France des hommes humains et éclairés, qui, comprenant que l'impôt du sang est bien véritablement le plus lourd de tous, ont cherché les meilleurs moyens de l'adoucir ; et, en le réduisant au taux où il se trouve actuellement, on a réalisé tout ce qu'il était permis de faire sans risquer de compromettre les grands intérêts que l'armée a mission de sauvegarder. L'impossibilité de réduire encore ce chiffre de sept années étant une fois démontrée, il ne reste plus qu'à opter entre l'un ou l'autre de ces deux systèmes : généraliser, au nom de l'égalité absolue, l'obligation du service militaire, et, par conséquent, surcharger la France de l'entretien ruineux de plus d'un million et demi de soldats, ou laisser subsister ce qui existe, en confiant aux hasards du tirage le soin de désigner ceux des citoyens que la patrie réclame pour sa défense. Enoncer un semblable dilemme, c'est le résoudre.

Ce n'est point seulement, croyons-nous, l'amour pour le principe respectable de l'égalité républicaine qui a inspiré aux auteurs du projet de constitution l'idée qu'ils ont émise. Il n'est pas difficile d'y apercevoir une intention politique. Dans un moment où les violentes commotions qui viennent d'ébranler le sol de la France ont fait surgir de toutes parts, sous prétexte de doctrines socialistes, ces principes odieux et subversifs qui ont eu l'audace de se faire jour jusqu'au sein de l'Assemblée Nationale ; au moment où la religion, la famille, la propriété, l'ordre, toutes ces choses, en un mot, sur lesquelles reposent nos plus chères ou plutôt nos seules garanties sociales, sont remises en question et menacées, on voudrait, en courbant tous les jeunes gens sous le joug militaire, réprimer en eux les instincts vicieux et amender les natures perverses. On ferait ainsi de l'armée un véritable lieu de refuge, dans lequel la jeunesse, à l'âge où elle est le plus malléable, serait soustraite aux milieux corrupteurs dans lesquels elle vit trop souvent, aux mauvais conseils et aux plus mauvais exemples auxquels elle est trop souvent exposée. On ferait de nos régiments des écoles où les jeunes citoyens qui, en si grand nombre, ont toujours vécu sans que leur intelligence et leur moralité reçussent les enseignements convénables, apprendraient à connaître et à mettre en pratique de saines doctrines sociales, et, soumis à une discipline rigoureuse, comprendraient bientôt eux-mêmes que la liberté, telle qu'il faut l'entendre, doit être conciliable avec le respect du principe de l'autorité. Si telles ont été les intentions cachées des auteurs du projet de constitution, nous n'hésitons pas à les approuver, mais nous n'en persévérons pas moins dans le blâme que nous avons formulé contre le moyen auquel ils ont cru devoir recourir. Une réforme, pour être bonne et acceptable, ne doit faire acheter les améliorations qu'elle offre au prix d'aucun inconvénient, et le bienfait qui, sous le rapport de la moralisation des masses, serait produit par l'universalisation du recrutement, nous coûterait trop cher si nous ne pouvions l'obtenir qu'en affaiblissant notre puissance militaire ou en achevant de désorganiser nos finances.

Jusqu'ici, nous croyons avoir péremptoirement établi que le recrutement est la seule voie qu'il soit possible de suivre pour arriver à une bonne composition d'une armée permanente, mais que, en généralisant cet impôt, c'est-à-dire en exigeant que tous les jeunes citoyens valides, hormis ceux qui sont dans l'un des cas d'exemption légale, paient, sans exception, leur dette à la patrie, on dépasserait le but qu'on se propose d'atteindre, et qu'on aurait ainsi une armée ou quatre fois trop nombreuse, ou formée de mauvais soldats. Il faut donc laisser subsister ce qui existe : ne pas diminuer la durée du service fixée par les réglements militaires, et ne demander, chaque année, que le nombre de recrues rigoureusement nécessaire pour maintenir les cadres au complet.

Comme, chaque année, le nombre des citoyens qui atteignent l'âge requis est environ quatre fois plus considérable qu'il n'en serait besoin, il est utile de recourir, pour la désignation de ceux qui doivent prendre les armes, à un moyen qui ne donne accès à aucune fraude, à aucune injustice. Ce moyen, c'est le tirage au sort, et il n'y en a pas d'autre. Les choses étant ainsi convenues, est-il indispensable que tous ceux que le sort aura désignés subissent cette loi fatale, et qu'il leur soit interdit de s'affranchir de cette dure obligation, sous condition toutefois que la dette qu'ils ont contractée sera néanmoins acquittée? L'article 109 du projet de constitution tranche cette question en termes formels : « Le remplacement (porte cet article) est interdit. » Pourquoi cette disposition impérieuse ? Qu'importent à la nation ces transactions amiables par lesquelles un citoyen libéré consent à servir à la place de celui qui est tombé au sort ? Pourvu que l'effectif de l'armée n'en soit pas diminué, nul n'est en droit de se plaindre de ces substitutions de personnes, puisque, après tout, un Français, les armes à la main, est toujours réputé en valoir un autre. Cependant, le projet de constitution s'y oppose formellement. Nous avons mûrement réfléchi sur toutes les causes qui peuvent avoir motivé une pareille interdiction, et, bien loin d'avoir trouvé une raison de quelque valeur, nous n'y avons vu, au contraire, que des inconvénients énormes et nombreux.

Le service militaire, on ne peut se le dissimuler, constitue la plus onéreuse de toutes les redevances, non point que le citoyen véritablement digne de ce nom puisse faiblir et reculer quand la patrie a besoin de son bras, mais bien parce que la durée du séjour qu'il est obligé de faire sous les drapeaux engage, en quelque sorte, son avenir tout entier. C'est de 20 à 28 ans que s'étend ce service pour ceux qui y sont appelés. Or, quel est l'homme de 20 ans dont la carrière, la profession, le métier soit définitivement assis? A cet âge de 20 ans, le plus beau de la vie, le jeune homme sort à peine des bancs des colléges ou d'apprentissage. S'il est ouvrier, l'armée s'en empare au moment où il allait commencer à recueillir le fruit de son travail; et, après sept années d'une existence demi-oisive, passée le plus souvent dans les garnisons, il rentre dans la vie civile, ayant perdu ses habitudes laborieuses et ayant souvent oublié le métier même qu'il avait appris. Si, avant d'être soldat, le jeune homme se destinait à une de ces carrières qu'on appelle libérales, le recrutement s'en empare au moment où, libre de l'éducation collégiale, il allait se livrer aux études spéciales de sa profession; et, au bout de sept années, quand il est libéré, pourra-t-il, si proche de l'âge viril, reprendre des études qui doivent consumer les cinq ou six dernières années de sa jeunesse. D'ailleurs, dans un siècle comme le nôtre, où l'on se plaint chaque jour, et avec raison, de l'encombrement de toutes les carrières, l'homme qu'un événement quelconque séquestre, pendant sept années, loin de la société, trouve à son retour toutes les positions, toutes les places envahies par ses émules qui ont su mettre à profit le temps de son absence.

C'est là, nous objectera-t-on, une fatalité inhérente au recrutement, et puisqu'il n'est pas possible de s'en affranchir entièrement, il est juste, du moins, que ceux que le sort a choisis pour victimes subissent cette loi funeste sans avoir la faculté de rejeter sur d'autres le fardeau qu'ils ont à porter; c'est là la mise en pratique du principe de l'égalité républicaine. Erreur! le service militaire, fardeau écrasant pour ceux que leur organisation, leurs instincts, leurs aptitudes poussent vers une autre direction, apparaît, au contraire, à certaines individualités, sous les aspects d'une carrière fort acceptable. Niera-t-on les tendances natives de l'homme? Admettra-t-on, contre l'évidence, que tous les hommes puissent également réussir dans toutes les professions? En nous plaçant ici au seul point de vue du service de la patrie, nous prétendons, sans craindre d'être contredits, que c'est pour l'Etat un devoir rigoureux de n'apporter aucune entrave à la liberté des vocations. David et Cuvier, Casimir Delavigne et Berthollet, qui ont honoré la France, tout en lui apportant, par leurs travaux, des bienfaits dont actuellement encore on recueille le fruit, n'auraient fait probablement que d'assez médiocres soldats, tandis que Desaix, Murat et tous ces généraux qui illustrèrent l'Empire seraient certainement demeurés inutiles et obscurs, si la destinée eût étouffé leur talent militaire dans l'atmosphère d'un bureau ou d'un atelier. Il aurait pu arriver que le saint archevêque, qui a perdu la vie dans la récente insurrection, eût été placé par la fortune dans les rangs de l'armée, au lieu de l'être en tête de ceux du clergé. S'il en eût été ainsi, sa mort aurait passé inaperçue, tandis que chaque goutte de son sang généreux est devenue un gage fécond et précieux d'ordre, de paix et de religion. Soldat, il n'eût été qu'une pauvre victime ; prêtre, c'est un glorieux martyr, et l'Assemblée Nationale n'a fait que son devoir en décrétant qu'il avait bien mérité de la patrie. Oui, certes ; et la patrie consultera non-seulement les exigences du principe de la liberté, mais encore ses propres intérêts, quand elle favorisera autant que possible l'accomplissement des inclinations professionnelles de tous les citoyens. La Convention avait bien compris cette grande et utile vérité, car, quelque disposée qu'elle fût à faire passer tout le monde sous un niveau strictement égalitaire, au point qu'elle avait absolument interdit le remplacement militaire, elle décréta cependant qu'il serait permis de se faire suppléer dans les rangs de l'armée « à ceux qui seraient reconnus plus utiles à l'Etat, en continuant leurs travaux et leurs études. »

Mais en quoi donc, en définitive, le remplacement porte-t-il atteinte au principe de l'égalité ? Est-ce parce que tous les citoyens ne peuvent uniformément en profiter ? L'égalité ainsi comprise ne serait qu'une chimère. Il est mille jouissances que peuvent se procurer ceux que la fortune a favorisés, et dont les pauvres sont obligés de se passer. Le luxe dans les habitations, la recherche dans les vêtements, les délicatesses de l'alimentation, les plaisirs que procurent les beaux-arts ; toutes les choses, en un mot, qui constituent l'élégance et le confortable de la vie ne sont et ne peuvent être à la portée de tous les citoyens. Faudra-t-il, dès-lors, bannir le luxe, etc., sous prétexte d'égalité, au risque d'une perturbation incommensurable pour l'industrie et le commerce ? Faudra-t-il, poussant à l'extrême cette même idée, proscrire les sciences, les arts et les lettres, sous prétexte de niveler les intelligences ? L'égalité ne saurait être appliquée qu'à ce qui concerne les droits politiques et sociaux de tous les citoyens. Là seulement c'est un principe juste et salutaire. En toute autre chose, elle entraînerait la société dans des bas-fonds plus terribles et plus dangereux encore que ceux dont nous menace le communisme.

Ceux qui pensent que le remplacement militaire est inconciliable avec le principe de l'égalité se laissent influencer, ainsi que nous l'avons établi, par une interprétation erronée de ce principe, et, de plus, ils raisonnent en vertu d'une ignorance complète ou d'une fausse appréciation des faits réels. Le remplacement, en effet, n'est pas, à beaucoup près, la ressource exclusive des classes aisées, et l'examen des statistiques relatives à cette matière prouve que les ouvriers et les cultivateurs usent de cette faculté dans une proportion qui va presque jusqu'aux neuf dixièmes du total. Cela s'explique sans peine. Les agences de remplacement, quelles que soient d'ailleurs les accusations qu'on exploite contre elles, ont du moins le mérite de mettre le remplacement à portée de presque toutes les bourses, en le combinant avec le principe si fécond de la mutualité. Aussi, grâce à la méthode de l'*assurance*, celui auquel le service militaire est antipathique peut, en s'y prenant avant le tirage, défier, moyennant le dépôt d'une somme de six ou sept cents francs, les plus mauvaises chances. Qu'en résulte-t-il? Que l'artisan laborieux et intelligent, qui exerce une profession lucrative, songe, deux ou trois années d'avance, au recrutement qui le menace, et fait des économies en conséquence. Il est bien peu de bons ouvriers qui, dans cette prévision, ne puissent parvenir à mettre de côté chaque semaine de petites sommes qui, agglomérées, finissent par produire le total nécessaire au bout d'un certain temps. Combien même n'en pourrions-nous pas citer qui, pris au dépourvu par l'époque du tirage, ont trouvé un secours efficace dans leurs patrons, qui ont consenti à faire les avances du remplacement, sachant bien qu'ils se feraient rembourser ultérieurement par les hommes probes et actifs auxquels ils rendaient service ?

Il est excessivement commun de rencontrer des cultivateurs qui, presque entièrement dépourvus de fortune, n'hésitent pas cependant à se soumettre aux plus durs sacrifices pour racheter leurs fils. Même en laissant de côté la force du sentiment paternel qui peut souvent inspirer de semblables résolutions, on peut encore l'expliquer par le fait seul de l'intérêt bien entendu de ceux qui les exécutent. En effet, la richesse du laboureur réside en grande partie dans le nombre, la force et l'intelligence des bras dont il dispose. Or, celui qui a fait donner à son fils une bonne éducation agricole gémit amèrement en voyant ce fils, à l'âge de 20 ans, alors qu'il est en situation de lui être le plus utile, arraché à ses travaux pour aller prendre les armes. Il se dit qu'il va être frustré dans ses légitimes espérances; que l'armée va lui ravir, pendant sept années, un fils robuste, exercé, plein de dévouement; il pense qu'il sera contraint de se procurer, de nourrir et de payer à sa place un valet de ferme dont les services ne seront que ceux d'un mercenaire, et alors il se décide à acheter un remplaçant, et, pour cela, il vend, s'il le faut, une portion de son patrimoine. Puis il se trouve, en définitive, que, tout en donnant satisfaction aux désirs de son cœur paternel, il a encore fait une bonne spéculation, et que, après sept ans, la coopération de son fils l'a largement indemnisé de tous ses sacrifices.

Il n'est pas de profession, humble ou élevée, à laquelle ces raisonnements ne soient applicables ; il est bien peu de jeunes hommes de 20 ans qui, avec de l'activité et du courage, n'aient pu économiser de quoi s'assurer contre les chances du sort. Supprimez cette faculté, et vous en verrez les conséquences. Quel garçon de 18 ans consentira à se mettre en apprentissage, quand il apercevra, dans une perspective rapprochée, l'obligation d'être soldat ? Quel jeune homme, en présence de cette fatale nécessité, apportera le moindre zèle dans ces études secondaires, complément indispensable de l'éducation scolastique? Et les arts, les lettres, les sciences, le commerce, l'industrie, supportant le contre-coup funeste de ce découragement de toute la jeunesse, ne se recruteront plus que parmi les hommes faits, c'est-à-dire dont l'esprit et l'intelligence ne seront plus assez ductiles pour se plier aux travaux élémentaires et fastidieux sans lesquels il n'est pas de supériorité possible.

Certes, on a bien vite fait d'inscrire dans un projet de loi des paroles comme celles-ci : « Le remplacement militaire est interdit. » Mais c'est quand il s'agit de les appliquer qu'on en découvre les difficultés. Aujourd'hui, où l'on n'appelle sous les drapeaux que le tiers au plus des jeunes citoyens, dont la faculté du remplacement contribue pour beaucoup à alléger le fardeau, aujourd'hui, malgré tout cela, on observe encore un certain nombre de réfractaires. On cite chaque année une grande quantité de jeunes gens qui éprouvent une telle répulsion pour le service, qu'ils recourent à toutes sortes de ruses pour s'en affranchir. Avant le tirage, on en voit qui feignent des infirmités naturelles ; d'autres cherchent à corrompre les membres des conseils de révision ; d'autres ne reculent même pas devant l'affreuse extrémité de se mutiler eux-mêmes, et nos fastes judiciaires en présentent annuellement des cas multipliés. Il est des recrues qui paraissent d'abord se résigner à leur sort, et ce n'est que sous les drapeaux qu'elles commencent à souffrir des ennuis qui ne tardent pas à devenir intolérables. On voit alors ces malheureuses victimes d'une loi inexorable minées par les douleurs de la nostalgie, qui les conduit lentement au tombeau. Parfois, ceux qui sont en proie à ces souffrances s'abandonnent, pour s'en affranchir, aux résolutions les plus désespérées, à la désertion et même au suicide. D'autres vont peupler les hôpitaux militaires, en feignant, avec une adresse souvent infinie, des affections morbides propres à les faire réformer, et la perspicacité des chirurgiens ne suffit pas toujours à démasquer ces ruses.

Or, s'il en est ainsi sous l'empire d'une législation qui ne pèse que sur un tiers au plus de la population recrutable, et dont la latitude du remplacement tend encore à atténuer les rigueurs, que serait-ce si le remplacement était interdit? Que serait-ce si tous les jeunes citoyens valides, sans exception, étaient forcés de prendre les armes? Il est aisé de prévoir, d'après ce qui précède, l'immense perturbation qui en résulterait pour toutes les classes de la société. Est-il probable, d'ailleurs, qu'une si regrettable innovation pût être mise en pratique sans rencontrer d'invincibles obstacles? L'histoire de notre pays est là pour nous répondre. Lorsque la Convention nationale, incitée par les périls qui environnaient la France, eut porté le décret du 14 août 1793, qui ordonnait la levée en masse de tous les citoyens de 18 à 25 ans, cette mesure rencontra en plusieurs départements, et principalement dans ceux de l'Ouest, une si véhémente opposition, que des lois d'une excessive sévérité ne purent en triompher, et que le gouvernement, reconnaissant que ce décret faisait faire d'effrayants progrès à la guerre civile, se vit obligé de donner des ordres secrets pour qu'on cessât d'appliquer la loi dans toute sa rigueur. Vers la fin du Consulat, quoique le remplacement fût autorisé, les réfractaires devinrent si nombreux qu'il fallut créer onze dépôts spéciaux pour les recevoir. Enfin, la gloire militaire qui décora le front de Napoléon brillerait bien plus pure, sans les malédictions dont son nom a été chargé par les familles désolées dont il ravissait les enfants. Et cependant la conscription de Napoléon n'était pas absolument universalisée. Que nos gouvernants et nos représentants actuels s'obstinent à fermer les yeux en présence de ces exemples si significatifs, qu'ils s'opiniâtrent dans le projet de rendre le service obligatoire pour tous les citoyens, qu'ils se bornent même à supprimer la faculté du remplacement, qu'ils adoptent, en un mot, un système devant lequel ont reculé et la première République et l'Empire, et ils en recueilleront bientôt les fatales conséquences. Dépopularisés, voués à l'animadversion publique, ils verront les populations rurales, trop disposées déjà à l'insurrection, s'irriter et résister avec opiniâtreté. Ceux qui naguère, et même aujourd'hui encore, se montrent disposés à refuser l'impôt des 45 centimes, seront plus unanimes et plus violents quand il s'agira de refuser l'impôt du sang.

Le remplacement militaire a des adversaires systématiques, qui recourent d'habitude à des arguments comme ceux-ci : C'est un ignoble trafic que celui qui consiste à vendre son sang à prix d'argent; —les remplaçants sont le rebut des populations de tous les départements ; — lâches, crapuleux, gangrenés de vices, non-seulement ils ne font jamais que de détestables soldats, mais encore ils infectent, par la contagion de leur voisinage et de leurs exemples, les régiments où on les incorpore, etc., etc. A ce propos, il est bon de lire certains écrivains militaires, qui ont semblé se plaire à accumuler sur les remplaçants toutes les injures que la langue française a pu leur fournir. Ces reproches sont-ils fondés ? il faut certes porter remède au mal. Sont-ils, au contraire, calomnieux ? il faut les retourner à ceux qui les ont formulés. Examinons rapidement ces diverses questions.

C'est un ignoble trafic que celui qui consiste à vendre son sang à prix d'argent ! — Pourquoi cela ? Il ne faut pas se laisser abuser par les mots. A notre avis, le citoyen qui consent, moyennant une prime, à être soldat à la place d'un autre, ne fait qu'exiger un salaire en compensation d'un service rendu. Or, c'est précisément ce que font tous les hommes, depuis le domestique jusqu'au haut fontionnaire. Le remplaçant trouve dans la prime qu'il reçoit un supplément de solde, et voilà tout. Et puis il n'est pas vrai de dire que tous les remplaçants se vendent afin de pouvoir se livrer pendant quelques jours à de folles dépenses. On en a cité beaucoup qui n'avaient eu recours à ce moyen que pour venir au secours d'un père et d'une mère pauvres, par dévouement pour un parent. Flétrissez donc le noble Latour-d'Auvergne, se faisant remplaçant pour le fils de son ami! La plupart, sans doute, embrassent cette carrière par spéculation. Et où est le mal? Est-il un état dont la spéculation ne soit le principal, souvent le seul mobile? Il nous semble que celui qui, après avoir remplacé trois ou quatre fois, a ainsi amassé une petite fortune de cinq ou six mille francs, peut, dans sa vieillesse, en jouir honorablement, s'il a loyalement rempli tous ses engagements. Il existe bien des fortunes, dont on honore les possesseurs, et dont la source cependant est loin d'être aussi pure que l'aisance modeste du pauvre remplaçant qui, en servant son pays, a gagné de quoi ne pas mourir de faim pendant les dernières années de sa vie.

Les remplaçants sont le rebut des populations! — C'est là une erreur complète. Parmi les citoyens qui sont agréés tous les ans en cette qualité, un tiers environ sort des rangs de l'armée. Ce sont des soldats libérés, aimant le service militaire, mais qui préfèrent les 1,500 fr. que leur comptera celui dont ils prennent la place à la perspective douteuse de devenir caporaux ou sergents. Les autres proviennent en grande partie de l'Alsace, de la Bretagne, de la Lorraine, pays dans lesquels cette industrie est depuis long-temps accréditée, parce que les populations y sont nombreuses, l'argent rare et les moyens d'existence difficiles. Mais, en définitive, ces hommes ne sont jamais admis par les conseils de révision, s'ils ne sont munis de papiers parfaitement en règle. Sous quel rapport et de quel droit regarderait-on d'anciens soldats, les Bretons, les Lorrains, les Alsaciens, comme le rebut de la population française?

Beaucoup de remplaçants commettent des infractions à la discipline dans les premiers temps de leur séjour au régiment. Pourquoi? Le général Duvivier va nous le dire: « Parce qu'ils ont de l'argent, et il en est ainsi de tous les soldats qui sont dans la même position. » Cela est vrai; le remplaçant se réserve habituellement une partie de la prime qu'il a touchée et résiste rarement aux tentations qui l'assiègent au milieu des loisirs des garnisons. Mais il en est de même des fils de famille qui s'engagent volontairement et de tous les soldats qui obtiennent la permission d'exercer leur état. Le colonel d'un régiment d'infanterie nous affirmait avoir trouvé un remède efficace à ce mal. « Dès qu'il m'arrive des remplaçants ou des engagés riches, disait-il, je me hâte de leur accorder une permission de huit jours, après quoi ils me reviennent sans le sou et font de bons soldats. » Oui, certes, les remplaçants font, en général, de bons soldats, et, pour le prouver, nous n'avons que l'embarras de choisir entre les actions éclatantes qu'ils ont accomplies. Nous n'en citerons qu'une, la plus glorieuse peut-être qu'aient jamais eu à enregistrer nos annales militaires. Laissons parler ici un organe officiel: « Les remplaçants, disait, en 1840, » le ministre de la guerre, sont loin de mériter la déconsi- » dération qu'on essaie de faire peser sur eux. Dignes d'es- » time et de confiance, ils ont fréquemment donné des » preuves de bravoure et de zèle dans le service... La petite » garnison des héroïques défenseurs de Mazagran comptait » les trois cinquièmes de son effectif dans la classe des rem- » plaçants. » En effet, sur les 123 héros commandés à Mazagran par le capitaine Lelièvre, on comptait *soixante-quinze* remplaçants. — Ce qu'on vient de lire suffit amplement à prouver combien sont fausses les accusations qu'on a si souvent dirigées contre ces hommes. Il est temps d'en finir avec ces flétrissures systématiquement infligées à toute une classe de citoyens, préjugés odieux, contre lesquels les faits, la raison et l'équité se réunissent pour protester à l'envi.

On ne peut se dissimuler que ces méprisantes opinions à l'endroit des remplaçants ne soient extrêmement accréditées parmi les officiers, dont beaucoup voudraient qu'on en purgeât entièrement l'armée. Le motif de ce désir n'est pas bien difficile à deviner. Sans doute, leur orgueil serait infiniment flatté, si, au lieu d'hommes braves, mais sans éducation, forts et vigoureux, mais sortis des derniers rangs de la société, ils avaient sous leurs ordres des jeunes gens de famille, instruits, ayant de bonnes manières. Tout cela, certes, aurait son mérite dans une parade, mais en serait-il de même en face de l'ennemi? Nous doutons que ces beaux jeunes gens puissent faire mieux ou même aussi bien que ces deux bataillons du 59.e de ligne, composés pour plus de moitié de remplaçants, et qui, après la mémorable affaire de Bougie, recevaient le glorieux surnom de *Bataillons de fer.*

Le lieutenant-général de Vaudoncourt n'aime pas non plus les remplaçants et en réclame la suppression. Il écrivait à ce propos, en 1835 : « L'armée y gagnerait un nombre assez » considérable de jeunes gens appartenant à des familles » aisées, et dont l'éducation ne pourrait que lui être avan- » tageuse. » C'est encore, à peu de chose près, la même idée que celle que nous combattions tout-à-l'heure. Présentée sous un aspect plus spécieux, elle ne vaut pas davantage au fond. Grâce à l'heureuse institution des écoles régimentaires, il est facile d'introduire dans nos armées le degré convenable d'instruction et d'éducation. Les jeunes gens aisés, que l'on arracherait de force à leurs études libérales, à leurs habitudes d'une vie douce et luxueuse, se trouveraient fort malheureux et se plieraient plus difficilement aux exigences de la discipline que les remplaçants pour qui le régime militaire constitue une amélioration réelle sur l'existence dure qu'ils avaient antérieurement menée. On sait, au reste, que les fils de famille qui s'engagent volontairement sont, pour la plupart, fréqûemment punis pour insubordination.

Le général Cavaignac lui-même passe pour être essentiellement hostile au système du remplacement, et, de plus, s'est montré partisan de la généralisation du service militaire. Il est impossible qu'un esprit aussi droit n'ait pas été frappé des immenses inconvénients qui en seraient la conséquence inévitable, et il lui a sans doute fallu des motifs bien graves pour le faire passer outre. Nous croyons les avoir découverts. Il est malheureusement trop évident que bien des courants anarchiques soufflent dans l'atmosphère politique, et que les pernicieuses doctrines du communisme ont recruté bien des adeptes. On peut craindre que ces doctrines ne finissent par infecter l'armée elle-même, composée en majeure partie d'hommes que rien n'attache directement au sol, et que cette armée, à un moment donné, ne fléchisse devant les agressions des socialistes et des républicains rouges. Tandis que si nos régiments comptaient des masses de jeunes hommes propriétaires par eux ou par leurs familles, éclairés, par leur éducation et leur intérêt, sur la seule route que la société doive suivre pour jouir d'une prospérité durable, en cas d'émeute, d'insurrection, ils auraient pour résister un tout autre mobile que l'obéissance passive, puisqu'ils combattraient *pro aris et focis.* Cette pensée est louable ; mais le but peut être atteint par une voie plus directe, plus équitable et qui ne donnera accès à aucun abus.

Voici ce que nous avons à dire aux membres du gouvernement et à ceux de l'Assemblée Nationale : Supprimez dans l'armée le népotisme, le favoritisme qui y règnent depuis si long-temps ; supprimez ces écoles militaires, objet de l'exécration des sous-officiers, indignés de voir les grades réservés à des enfants qui n'ont d'autres mérites que ceux d'avoir séjourné deux ans dans une école ; supprimez tous ces établissements, excepté ceux des armes spéciales ; créez dans tous les régiments un système d'enseignement qui embrassera toutes les connaissances relatives à l'art militaire ; faites que tout soldat courageux et intelligent puisse franchir à son rang le passage presque infranchissable du grade de sous-officier à celui d'officier ; donnez toutes les récompenses à l'ancienneté et aux services, rien au nom ni à la faveur ; faites, en un mot, que l'état militaire devienne une carrière et non une charge onéreuse, — et alors vous verrez que, en cas d'insurrection anarchique, le soldat se battra pour sa cocarde, aussi bien et mieux que ne le feraient le banquier pour sa caisse et le propriétaire pour sa maison. Mais, encore une fois, vous ne parviendrez à ce désirable résultat qu'autant que vous ne violenterez pas les vocations, que vous n'arracherez pas de bons agriculteurs à leur charrue, d'habiles industriels à leurs métiers, d'utiles savants à leurs études, de grands artistes à leurs inspirations, pour en faire de mauvais soldats.

Croyez-en le sentiment patriotique du pays ! si jamais le territoire français était violé, des lois de recrutement deviendraient inutiles : chaque pavé des villes, chaque buisson des campagnes enfanterait un guerrier plein d'ardeur et de bravoure. Mais tant que la paix florira, laissez croître et se développer notre civilisation sous sa bienfaisante influence. Loin de mettre des entraves au remplacement, favorisez-le, démocratisez-le de tout votre pouvoir. Souvent on a appliqué aux agences de remplacement les plus ignominieuses appellations ; laissez de côté ces mots de *traite des blancs*, de *commerce de chair humaine*, dont on a tant abusé. Il n'est point de carrière qui n'ait ses *Contrafatto*, il n'en est point non plus dans laquelle l'homme ne puisse demeurer honnête et partant digne de considération. Prenez, si vous le voulez, contre ces agences, toutes les précautions que la prudence pourra vous suggérer ; soumettez-les, comme plusieurs vous l'ont demandé, à des contrôles sévères, à une surveillance incessante; astreignez-les, au besoin, à l'obligation du cautionnement. Mais, cela posé, laissez libre de s'exercer, sous la tutelle des lois, une industrie plus féconde en bienfaits qu'en maux et en fraudes. A cette heure, où tant de bras demeurent inactifs et improductifs, gardez-vous de jeter en pâture à l'oisiveté, à la misère, à l'émeute peut-être, vingt mille jeunes hommes qui, chaque année, entrent dans l'armée comme remplaçants. A cette heure où, par suite de la mauvaise distribution des forces dont la France dispose, l'agriculture manque de bras, tandis que des milliers d'ouvriers des villes manquent d'ouvrage, n'enlevez pas à l'agriculture tous ses travailleurs de vingt ans. A cette heure, enfin, où le paupérisme exerce tant de ravages, ne rejetez pas hors de la circulation les trente millions que, chaque année, le remplacement met en œuvre. C'est là le meilleur des impôts somptuaires, car il est volontaire, et ce sont les seuls riches qui le paient, tandis que les pauvres en profitent. En ce moment même, il n'est peut-être pas une commune en France où l'on n'ait protesté, par voies de pétitions, contre l'art. 109 du projet de constitution. Ne dédaignez pas ces pétitions qui représentent les vœux de la France entière, qui expriment les désirs inspirés par les intérêts les plus complexes et les plus sacrés, et songez que le principe de la souveraineté populaire, ce principe dont vous tenez tous vos pouvoirs, n'est jamais plus digne d'être accueilli et respecté que lorsqu'il emprunte, pour se faire entendre, la voix de la modération et de la prière.

L. LENORMAND.

Mâcon, le 15 août 1848.

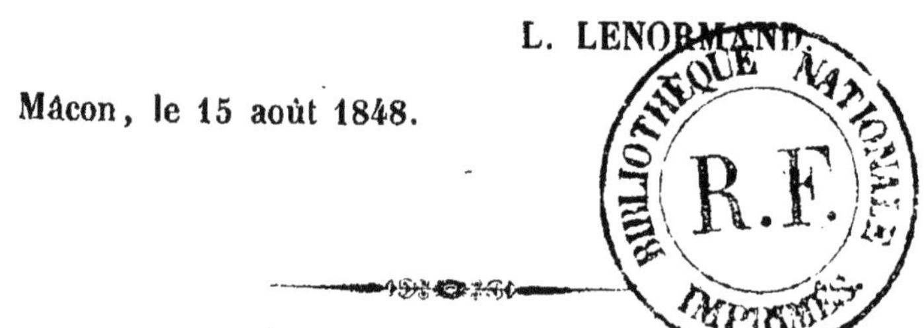

www.ingramcontent.com/pod-product-compliance
Ingram Content Group UK Ltd.
Pitfield, Milton Keynes, MK11 3LW, UK
UKHW021023200726
13857UKWH00004B/1554